DEBUT D'UNE SERIE DE DOCUMENTS
EN COULEUR

HISTOIRE

GÉNÉRALE

DE LANGUEDOC

(NOUVELLE ÉDITION)

HISTOIRE GRAPHIQUE

DE CETTE PROVINCE

Par Ernest ROSCHACH

Correspondant de l'Institut

NOTES CRITIQUES, par M. le Baron DESAZARS

TOULOUSE

IMPRIMERIE ET LIBRAIRIE ÉDOUARD PRIVAT

14, RUE DES ARTS, 14 (SQUARE DU MUSÉE)

—

1906

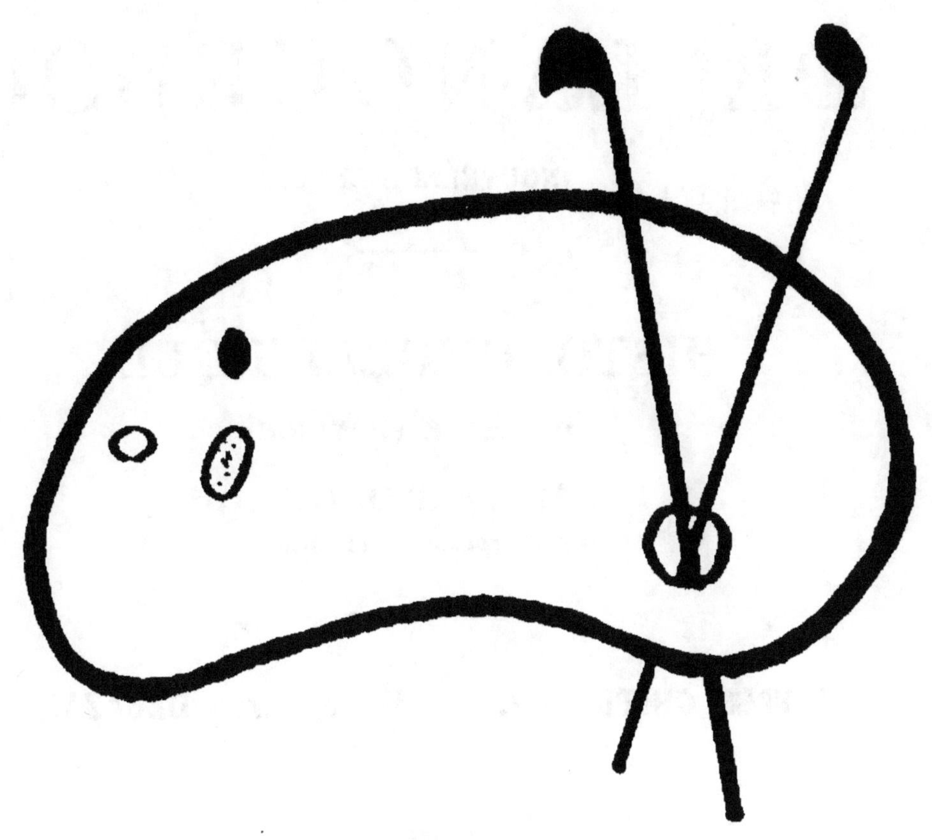

FIN D'UNE SERIE DE DOCUMENTS
EN COULEUR

HISTOIRE

GÉNÉRALE

DE LANGUEDOC

(NOUVELLE ÉDITION)

HISTOIRE GRAPHIQUE

DE CETTE PROVINCE

Par Ernest ROSCHACH

Correspondant de l'Institut

NOTES CRITIQUES, par M. le Baron DESAZARS

TOULOUSE

IMPRIMERIE ET LIBRAIRIE ÉDOUARD PRIVAT

14, RUE DES ARTS, 14 (SQUARE DU MUSÉE)

1906

HISTOIRE GRAPHIQUE

DE LA PROVINCE

DE LANGUEDOC

Par Ernest ROSCHACH

NOTES CRITIQUES

Entre toutes les Histoires générales de nos anciennes provinces françaises, on a coutume de considérer comme une des meilleures celle de Languedoc, exécutée dans la première moitié du dix-huitième siècle et publiée en cinq gros volumes petit in-folio (1730-1745). C'est, en effet, une œuvre magistrale, due à la collaboration de deux Bénédictins, Dom Devic et Dom Vaissete pour le premier volume, et à Dom Vaissete seul pour les quatre autres tomes, Dom Devic étant décédé peu après la publication du premier volume. Elle marque une ère de progrès considérable dans les études historiques et laisse peu à désirer pour l'intelligence de la méthode, la sûreté de l'érudition, l'exactitude du texte, l'importance des documents justificatifs, l'ampleur des « notes » explicatives.

Quels que soient ses mérites, toute œuvre historique est perfectible surtout quand elle est antérieure aux époques de recherches documentaires et de critique rationnelle comme le dix-neuvième siècle. C'est ce qu'avait compris, dès le début de la rénovation des études historiques inspirée par le ministère Guizot, de 1840 à 1846, un archéologue toulousain qu'on a beaucoup dénigré, mais dont on ne saurait nier la compétence

et contester les mérites malgré ses travers de mystificateur
aux dépens de ses confrères trop crédules et du public trop
ignorant. Le « chevalier » Dumège, comme il aimait à s'appe-
ler, trouva en Jean-Baptiste Paya un éditeur tout disposé à
rééditer l'œuvre des Bénédictins en dix volumes à deux colon-
nes dans le format économique que les publications de la
Société du *Panthéon littéraire* venaient de mettre à la mode.
Malgré le puissant patronage du marquis de Castellane, cette
entreprise devait dépasser ses forces, et l'œuvre accomplie fut
d'autant plus insuffisante que la préparation en avait été hâtive
et l'exécution contrariée par des mécomptes.

Une nouvelle édition s'imposait. Pour la rendre vraiment
digne de la première et des progrès de la science historique, il
fallait des collaborateurs devoués et des spécialistes bien infor-
més. Elle exigeait, en outre, des capitaux considérables de la
part de l'éditeur qui en courrait les risques. Un homme résolu
se trouva de nouveau à Toulouse qui sut tout à la fois com-
prendre l'importance de cette réédition et ne reculer devant
aucun sacrifice pour en faire une œuvre définitive. Ce fut
M. Edouard Privat, dont la maison de librairie était une des
plus importantes et des plus prospères du Midi. Il avait l'ambition d'y attacher son nom et il employa à sa réussite la volonté
la plus éclairée, la ténacité la plus ferme, l'activité la plus
infatigable. S'il n'a pas eu la satisfaction de voir son œuvre
parachevée, il a fait de son fils et de son petit-fils les fidèles
exécuteurs de sa suprème volonté, en même temps que les
dignes héritiers de sa grande maison de librairie. C'est ainsi
que la troisième — et sans doute la dernière — édition de
l'œuvre bénédictine, commencée en 1866, est arrivée, après
trente-huit ans d'études constantes, à former seize volumes in-4°,
auxquels ont collaboré plusieurs séries d'érudits (ils ont été
dix-huit) et où tout a été revu, corrigé et complété par des
« notes » ou mémoires qui de 250 ont été portés à 436, soit
une augmentation de 186, et par des « pièces justificatives »
dont le nombre s'est élevé de 1,429 à 3,897, soit 2,468 de plus
que dans l'édition originale.

Il faut, enfin, y joindre des additions qui comprennent des volumes entiers et sont l'œuvre de M. Ernest Roschach.

On sait le travailleur inlassable, l'érudit consommé, l'écrivain de talent qu'est M. Ernest Roschach. Rien ne lui est étranger de tout ce qui touche à l'histoire et à l'archéologie, à l'art et à la littérature. C'est, en outre, un habile dénicheur de textes inédits, et nul ne sait mieux que lui les présenter et les mettre en valeur. Dans sa longue carrière d'archiviste, il a tout vu, tout recueilli, tout médité de ce qui constitue les matériaux d'une histoire originale dans l'ensemble comme dans le détail. Il est surtout merveilleusement renseigné sur Toulouse et sur le Languedoc. Il était donc, comme les Barry, les Molinier, les Chabaneau, les Bladé, les Mabille, les Germain, les Desbarreaux-Bernard, naturellement appelé à apporter sa contribution à la grande réimpression bénédictine, et cette contribution a été des plus considérables en même temps que des plus appréciées.

M. Roschach s'était d'abord chargé de continuer l'œuvre de Dom Vaissete, qui s'arrêtait à la mort de Louis XIII, en conduisant l'histoire de la province de Languedoc jusqu'à sa disparition par le remaniement administratif de la Révolution en 1790. Il a exécuté sa besogne en deux gros volumes, l'un de « texte » et l'autre de « preuves », qui forment le quatorzième et le quinzième tomes de l'édition Privat. Cette œuvre complémentaire, vraiment digne de celle des Bénédictins par l'importance des informations et le mérite de la composition, joints à la clarté du récit et à l'élégance du style, a été couronnée par l'Académie des Inscriptions et Belles-Lettres.

Mais, ainsi que l'a fait observer M. Roschach, on ne saurait trouver l'histoire tout entière dans les récits des chroniqueurs et dans les actes des tabellions. Les arts du dessin ont également leur importance pour compléter la connaissance du passé. Ils ont un langage souvent aussi expressif que l'écriture, et parfois plus net et plus saisissant. Aux textes et aux documents ils ajoutent des indications de formes et des précisions de détail qui éclairent les narrations et expliquent les définitions; et, si les textes et les documents font défaut ou sont insuffisants, ils y suppléent en grande partie.

Déjà, au temps d'Horace, on proclamait la supériorité de la vision sur la description comme moyen d'action intellectuelle. La lecture de certains vieux manuscrits avait pu suffire à Pétrarque pour lui dévoiler les chefs-d'œuvre de la littérature ancienne et en recommander les modèles à ses successeurs. Mais il avait fallu à Ghiberti la découverte de quelques chapiteaux mutilés et de quelques statues tronquées pour révéler à son génie les secrets de l'architecture et de la statuaire anciennes et lui permettre d'en faire la base d'un art nouveau qui devait être celui de la Renaissance. Aujourd'hui encore, si nous étions privés des richesses artistiques accumulées dans nos Musées, nous ignorerions bien des beautés de la civilisation antique malgré l'immense bibliothèque grecque et latine qui nous est restée.

C'est sous l'empire de ces sentiments raisonnés que M. Ernest Roschach a voulu reviser l'œuvre graphique des Bénédictins et compléter la contribution d'Alexandre Dumège. Il l'a fait en un magnifique volume de 721 pages grand in-4° qui constitue, suivant ses propres expressions, une synthèse graphique aussi consciencieuse que possible, une histoire par le dessin parallèle à l'histoire écrite pour préciser les monuments figurés qui, sous les formes les plus diverses, depuis les monnaies rudimentaires des Volques jusqu'aux dernières héliogravures contemporaines, ont contribué à perpétuer le souvenir des hommes et des choses du passé. Et, mérite rare en pareille matière, avec la même plume qui lui servait à écrire le texte, il a exécuté les figurations qui l'accompagnent. Ces figurations, retracées avec autant de précision que d'élégance, témoignent d'une interprétation aussi intelligente qu'exacte des originaux. Si elles n'ont pas la valeur d'une « eau forte » ou d'une « taille douce », elles procèdent d'un art très personnel qui vient s'ajouter à la compétence de l'érudit et rendre le passé d'autant plus sensible.

M. Ernest Roschach ne s'est pas borné à retracer à sa manière histoire graphique de l'ancienne province de Languedoc. En guise d'introduction à son œuvre personnelle, il a commencé par exposer et discuter l'œuvre primordiale des Bénédictins. Puis, il a fait de même pour la contribution d'Alexandre Dumège. Il a enfin repris l'œuvre entière pour son propre compte en une étude qui retrace l'histoire graphique de l'ancienne province de Languedoc, des temps préhistoriques à la Révolution, et qui comprend à elle seule près de 600 pages de texte enrichis de nombreuses illustrations et témoignant d'une connaissance approfondie de l'histoire en général et de notre histoire provinciale en particulier.

.·.

Dès le début, Dom Devic et Dom Vaissete s'étaient préoccupés de joindre à leur texte de nombreuses gravures. Telles étaient du reste les instructions de M. Le Goux de la Berchère, qui avait été, en 1708, le grand promoteur de l'*Histoire générale de Languedoc* devant les Etats qu'il présidait en sa qualité d'archevêque de Narbonne. Ils y avaient, en outre, été incités par Dom Lobineau, qui venait d'écrire une histoire semblable pour la Bretagne et qui avait répondu à leur demande de conseils : « Plus des trois quarts du monde aiment les images, et, véritablement, elles frappent beaucoup plus que les discours. »

Mais Dom Devic et Dom Vaissete étaient mal préparés à une pareille besogne. Erudits de haute compétence, critiques sagaces, attentifs et consciencieux jusqu'au scrupule en ce qui touche l'étude et la discussion des textes, ils se bornèrent à fournir le programme détaillé des grandes « vignettes » et des « lettres grises » dont le texte devait être accompagné; et, pour leur exécution, ils s'en rapportèrent au savoir-faire des artistes désignés par les commissaires des Etats qui avaient voté la publication et avaient pris à leur charge les frais d'impression.

Le goût du jour était peu porté à la recherche et à la repro-

duction exactes des choses anciennes. On était entièrement
dominé par l'académisme qui n'admettait que des compositions
théâtrales sans vérité historique et plus symboliques que
réelles, suivant les préceptes de Le Brun. Pour satisfaire à
cette mode, les commissaires des Etats de Languedoc conflè-
rent la partie décorative de l'œuvre bénédictine à des artistes
de l'Académie de Paris. En ce moment, Antoine Rivalz vivait
encore et avait formé dans son atelier du Capitole de nombreux
et excellents élèves, tels que Subleyras, Crozat, Cammas, Des-
pax, etc., comme peintres proprement dits, et Simonin comme
graveur. Mais, au dix-huitième siècle ainsi qu'aujourd'hui
encore, le prestige de Paris l'emportait. Le talent ne manquait
pas aux artistes de la Capitale et ils étaient en réalité préféra-
bles à ceux de Toulouse pour le goût, l'élégance et même
l'habileté professionnelle. Mais, réduits à travailler de loin,
sans connaître le pays, sans l'aimer, sans avoir à cœur d'en
faire ressortir le caractère et l'originalité, ils étaient condam-
nés d'avance à n'accomplir que des œuvres poncives, où la
perfection de l'exécution matérielle devait être impuissante à
racheter l'inévitable insignifiance de l'art et la non-valeur
absolue de l'information. La grande œuvre bénédictine, si
admirable comme texte, a donc souffert comme illustration des
inconvénients inhérents à toute publication officielle et des
préjugés de son temps. Elle aurait beaucoup gagné à l'exécution du programme tracé par le président des Etats de 1708,
sinon au point de vue décoratif, du moins au point de vue
documentaire.

.·.

La contribution graphique des éditeurs de 1840 a été un réel
progrès. Alexandre Dumège s'en était chargé. Malgré ses
soixante ans et quoique engagé depuis longtemps dans l'écra-
sant labeur de l'*Archéologie Pyrénéenne*, il se mit au travail
avec l'ardeur passionnée qui le caractérisait pour l'étude de
l'histoire et pour la recherche des antiquités. Malheureuse-
ment, les ressources pécuniaires de l'éditeur n'étaient pas à la

hauteur de son ambition. Jean-Baptiste Paya s'était, en outre, illusionné sur le concours des souscripteurs qui avait été insuffisant. Il lui fallut diminuer la dépense, resserrer le programme, et produire finalement une œuvre incomplète, déparée en outre par de grosses fautes d'impression, et d'autant moins susceptible d'être bien accueillie par le public.

Alexandre Dumège n'était pas seulement un érudit doué d'un véritable talent d'écrivain, un archéologue formé par de nombreuses recherches et d'importantes trouvailles dans le Midi de la France, un connaisseur sagace et expérimenté pour tout ce qui touchait à l'art ; il possédait, en outre, un vrai talent de dessinateur. S'étant rendu compte que « presque toutes les planches » de l'œuvre bénédictine, « étaient inexactes » et faites « d'après des monuments mal copiés ou dénaturés par les dessinateurs parisiens », il se mit à les refaire en se conformant à la réalité et fit exécuter ses reproductions, les unes sur cuivre par un graveur expérimenté nommé Etienne Huyot et les autres sur pierre lithographique par un dessinateur de talent qui s'appelait Charles Gall et était originaire de Caraman où il était né en 1808.

Assurément, les planches gravées pour l'édition Paya par Etienne Huyot ou lithographiées par Charles Gall n'ont pas le mérite artistique de celles qui ont été imaginées pour l'œuvre originaire par Pierre-Jacques Cazes (1674-1754), élève de Bon Boullogne, maître de Chardin, dessinateur habile, peintre brillant, professeur attitré de l'Académie royale de peinture et de sculpture de Paris, dont il était devenu successivement recteur, directeur et chancelier, et qui ont été gravées par un artiste non moins célèbre et non moins capable, Nicolas Cochin (1688-1754); elles ont, du moins, l'avantage de reproduire plus exactement les vestiges du passé tout en les déformant un peu, car, à cette époque encore, on ne savait pas s'en tenir à la stricte vérité.

Comme il l'avait fait pour l'édition originale, M. Ernest Roschach a dressé le relevé des planches de l'édition Paya en précisant leur caractère, et non sans quelque propension à l'indulgence pour leur mérite artistique et leur valeur documentaire.

.·.

Après avoir ainsi exposé, discuté, rectifié et complété l'œuvre bénédictine et celle des nouveaux éditeurs de 1840, M. Ernest Roschach a repris pour son compte toute la partie graphique, qui n'avait été examinée par ses prédécesseurs ni au point de vue historique, ni au point de vue artistique, et il en a fait une étude particulière qui précise les évolutions de la civilisation dans l'ancienne province de Languedoc et qui montre pour chaque époque les formes d'art qui la caractérisent.

M. Roschach ne s'était pas fait illusion sur la difficulté de sa tâche. Cette difficulté était d'autant plus grande que le parallélisme n'existe pas d'une façon complète entre les formes d'art et les évolutions de la civilisation. En tout pays, il offre d'immenses lacunes diversement espacées, et il est, en outre, fort inégal selon les lieux. Des millions d'hommes ont traversé la scène du monde, et certains même avec éclat, sans avoir laissé le moindre vestige de leur physionomie. Il en est de même des édifices qui, dans leur temps, commandaient le respect, la piété ou l'admiration des peuples, ou bien servaient à leur utilité. Toutefois, en dépit de ces disparitions et de ces lacunes, il est resté bien des éléments épars dont l'esprit peut s'aider utilement pour reconstituer le passé et rétablir le cadre dans lequel se sont mus les peuples avec leurs mœurs, leurs usages et leurs habitudes. Rechercher ces éléments, les classer, les reproduire pour faire apprécier la vie de ces peuples, telle a été la tâche que s'est proposée M. Roschach et qu'il a brillamment résolue dans la mesure du possible en divisant la longue série des siècles en un certain nombre de phases caractérisées par de grands faits et en les présentant d'abord dans une synthèse graphique de la vie provinciale à travers les siècles, puis en une histoire détaillée de la graphie de l'ancienne province de Languedoc, enfin en indiquant les références graphiques intéressant la province.

Cette division tripartite est, évidemment, très logique. Elle a l'avantage de commencer par donner une idée générale de l'ensemble, ensuite de montrer, période par période, les principaux documents graphiques qui méritent d'être signalés, enfin de faire connaître en détail tous les objets graphiés, avec leurs provenances et les indications bibliographiques qui permettent de les retrouver. Mais elle a aussi l'inconvénient de motiver certaines répétitions et d'obliger le lecteur à un travail personnel de recherches d'autant plus long et difficile que, contrairement à l'habitude des Bénédictins, le nouveau volume de M. Roschach ne contient ni index alphabétique, ni index topographique, et se borne à une table générale des matières.

Il semble que l'œuvre de M. Roschach aurait été plus facile à saisir si les deux premières parties avaient été fusionnées et si chaque période étudiée avait été, au fur et à mesure, suivie de ses références graphiques. On n'aurait pas ainsi à manier et à remanier son livre pour se rendre compte tantôt de l'ensemble et tantôt du détail. Ce maniement et ce remaniement s'imposent en outre pour classer certaines images arbitrairement distribuées dans l'avertissement et dans l'introduction et appartenant aux époques les plus diverses, aux catégories les plus différentes. Sans doute, ces images ajoutent beaucoup à la plasticité du livre; mais elles n'ont le plus souvent aucun rapport avec le texte qui les encadre, et elles auraient eu besoin d'une table chronologique par siècle ou par époque pour mieux apprécier leur valeur documentaire et d'un classement par région et par localité, dans le courant d'un même siècle ou d'une même époque, pour se rendre plus facilement compte du mouvement artistique ou somptuaire qui s'y est produit.

L'important, c'est que toute image essentielle et offrant un caractère documentaire puisse se retrouver dans cette *Histoire graphique de l'ancienne province de Languedoc;* et toutes s'y retrouvent, en effet, avec une abondance de détails et un luxe d'érudition qui témoignent d'une connaissance absolue du sujet et d'une conscience que rien ne rebute. C'est bien là la vraie manière bénédictine, et il est remarquable qu'elle ait pu être pratiquée d'une façon si complète et si parfaite par un seul homme en dehors du travail solitaire du cloître et sans l'assistance de collaborateurs dévoués et désintéressés, toujours disposés à prêter leur concours anonyme à la recherche ou au contrôle des documents utiles.

Nous n'essaierons pas d'analyser l'œuvre de M. Roschach. C'est d'abord impossible en quelques pages, tant elle est considérable et diverse; et ce serait la déflorer que d'en vouloir retracer même les grandes lignes. Il faut la lire, et la relire, pour en savourer l'intérêt et en apprécier la valeur. Rien n'a été oublié de l'iconographie de la province depuis les temps primitifs jusqu'à la Révolution. Tout a été étudié, depuis les objets usuels témoignant de l'art le plus rudimentaire, jusqu'aux monuments les plus importants du génie humain.

Pour l'Antiquité, ce sont les édifices, la sculpture, la céramique, l'orfèvrerie, les bronzes qui sont relatés, décrits et souvent représentés

Les édifices conservés du Moyen-âge et de la Renaissance sont beaucoup plus nombreux. M. Roschach mentionne successivement les églises ou bâtiments religieux, les châteaux, les places fortifiées, les hôtels, les maisons, les travaux d'art et d'édilité, le Canal du Languedoc. Il y joint les portraits peints, sculptés et gravés, les scènes historiques et légendaires, les sceaux datés du treizième au dix-septième siècle, les armoiries des communes du Languedoc. Il complète cette partie par les types et les costumes, et il la termine par les sites et les paysages.

M. Roschach n'est pas seulement un érudit se contentant de l'histoire proprement dite : il sait l'étudier dans toutes les manifestations de l'esprit humain et il ne néglige rien de ce qui peut paraître à première vue une simple « curiosité ». C'est ainsi qu'il décrit et reproduit successivement les armoiries des divers membres des États du Languedoc (prélats, barons, commissaires du Roi et officiers de la Province) d'après l'*Armorial* de Jacques Beaudeau, graveur à Montpellier (1680), des *Annales manuscrites* de l'Hôtel de ville de Toulouse, qu'il avait déjà relevées dans une importante monographie intitulée *les Douze Livres de l'Histoire de Toulouse*, des Officiers du Parlement de Toulouse d'après une thèse dédiée au Parlement, en 1667, par les professeurs du Collège des Jésuites, et des Consuls de Narbonne, d'après un manuscrit inédit communiqué par M. Armand Bories, ancien notaire à Narbonne.

Comme on le voit, le champ d'études à parcourir était immense. M. Roschach l'a fouillé dans tous les sens et sous toutes les formes, en archéologue, en historien et en artiste. Sa plume, élégante et facile, ne se borne pas à nous faire connaître tout ce qu'il a vu et à nous révéler ce qu'il en pense; elle nous en fait juger par ses reproductions graphiques. Et l'on retrouve dans son livre tout ce qui peut intéresser le pays de Languedoc, soit par les références qu'il indique, soit par les dessins figuratifs qui accompagnent son texte. Ces dessins s'élèvent à 1,001. Il faut y joindre seize planches de monnaies gauloises qui complètent les dessins de numismatique exécutés avec autant de finesse que de précision par M. Dardel et M. Laugier pour les savantes monographies de M. Charles Robert et de M. Chalande.

Ce XVIe volume de l'*Histoire générale de Languedoc* se termine par dix cartes de géographie, dressées par M. Auguste Molinier, qui permettent de suivre les transformations politiques, civiles et ecclésiastiques de la province depuis la Gaule indépendante jusqu'à la Révolution. M. Auguste Molinier aurait pu y ajouter une carte du Parlement de Toulouse avec ses diverses juridictions, quoique ces juridictions soient implicitement indiquées par la carte des trois sénéchaussées de Languedoc. Sans doute, les délimitations topographiques de ces juridictions ne sont pas absolument connues, et nous savons que, ne pouvant être exact, M. Auguste Molinier a souvent préféré rester dans l'imprécision. Mais, cette fois, il s'est abstenu complètement : les approximations ont pourtant leur valeur, quand on ne peut avoir mieux.

Malgré le grand nombre de dessins, grands ou petits, qui ornent le livre de M. Roschach, il ne faut pas croire que ce livre constitue un musée complet. Pour donner aux images tous les éléments susceptibles de le composer, un volume, pour gros qu'il fût, ne saurait suffire. Il aurait fallu une bibliothèque, et les sacrifices imposés à l'éditeur par les nombreuses péripéties de cette nouvelle édition en auraient été démesurément aggravés. M. Roschach a donc dû se borner à ne laisser ignorer aucune image essentielle, et il s'est attaché à mettre sous nos yeux celles qui offraient un vrai caractère de document, et, pour les œuvres d'une signification historique et locale peut-être moins directe, à choisir quelques types expressifs caractérisant chacune des différentes époques.

En opérant ce groupement, d'autant plus utile que les éléments s'en trouvent dispersés presque à l'infini, M. Ernest Roschach a eu raison de dire qu'il avait rendu service à beaucoup de travailleurs solitaires qui, dans le grand silence de la vie provinciale, dépourvus des ressources d'érudition accumulées sur un point unique de la France, collaborent avec un désintéressement méritoire à 'a préparation de notre histoire nationale. Par toutes ses œuvres, il a été un des meilleurs artisans de cette préparation. Sa nouvelle contribution complète excellemment l'œuvre admirable des Bénédictins et ajoute un fleuron de plus à sa propre gloire.

Et maintenant, est-ce à dire qu'il n'y aurait rien à ajouter à la troisième édition de l'*Histoire générale de Languedoc?* — Evidemment si.

L'Histoire graphique parle bien de l'art monumental, mais sous la forme de dissertation plutôt que d'une manière raisonnée. Elle ne donne aucune reproduction d'édifices religieux, civils ou militaires. Et, cependant, à l'époque de l'Antiquité, romaine, comme à celles du Moyen-Age et de la Renaissance combien de monuments seraient à étudier à Toulouse, à Narbonne, à Nîmes, au Puy, à Albi, et quelle curieuse monographie on pourrait en faire ! — Sans doute, l'*Album des monuments du Midi de la France*, également publié par la maison Édouard Privat, sous la haute direction de M. Émile Cartailhac, est susceptible de compléter à ce point de vue l'*Histoire graphique* de M. Ernest Roschach. Mais il ne constitue pas une véritable histoire, car il se borne à publier au jour le jour des études séparées sans se préoccuper de leur chronologie et de leur corrélation.

L'œuvre de M. Roschach est plus complète au point de vue sculptural ; mais l'histoire de la statuaire languedocienne demanderait également à être traitée d'une façon plus technique.

Il est enfin une étude qu'il serait également très utile d'avoir, c'est l'histoire de l'art pictural dans les diverses régions qui ont formé la province de Languedoc. On s'est appliqué à écrire cette histoire pour Toulouse, et encore ne la connaît-on que pour certaines parties de l'art pictural. Mais on l'ignore presque absolument pour le reste de la province, alors qu'il y a eu des centres importants où les peintres se sont montrés à l'égal des architectes et des sculpteurs, notamment à Montpellier.

Nous n'oserions demander un dix-septième volume à la maison Édouard Privat ; et, cependant, il s'imposerait pour clôturer magnifiquement la grande œuvre qu'elle a entreprise. L'*Histoire graphique* ne fait que rendre plus sensible la nécessité de pourvoir à cette lacune et montrer comment elle pourrait être comblée.

Quoique M. Roschach ait été parfois bien sévère sur les aptitudes naturelles et la personnalité esthétique de la race en Languedoc ; quoiqu'il ait nié le particularisme local et raillé les revendications des archéologues patriotiques ; quoiqu'il ait affirmé que le Midi a peu produit à cause de la douceur du climat, de la vie facile amollissant promptement l'énergie des races neuves et du rôle néfaste des municipalités méridionales, très différentes de celles du Nord au point de vue de l'art et plue préoccupées de leurs intérêts domestiques que de la glorification de leurs communes; enfin, quoiqu'il se soit plaint, non sans raison, de l'inachèvement des œuvres commencées, cette plaie méridionale, conséquence à la fois des événements extérieurs et d'un manque d'esprit de suite, qui est peut-être le caractère dominant du pays, son *Histoire graphique* n'en constate pas moins l'extrème variété de l'art en Languedoc, et sa variété s'explique par la formation historique de la province, résultant de la politique, de la guerre, des alliances féodales, et échappant par cela même à l'uniformité des régions naturelles. Il offre, par ses contrastes, des tentations séduisantes à la plume des historiens comme au crayon des artistes. Nous voudrions les voir encore une fois à la besogne pour parachever la grande œuvre des Bénédictins et ajouter son couronnement à l'édition monumentale consacrée par la maison Edouard Privat à l'histoire complète et définitive de l'ancienne province de Languedoc.

Baron Desazars.

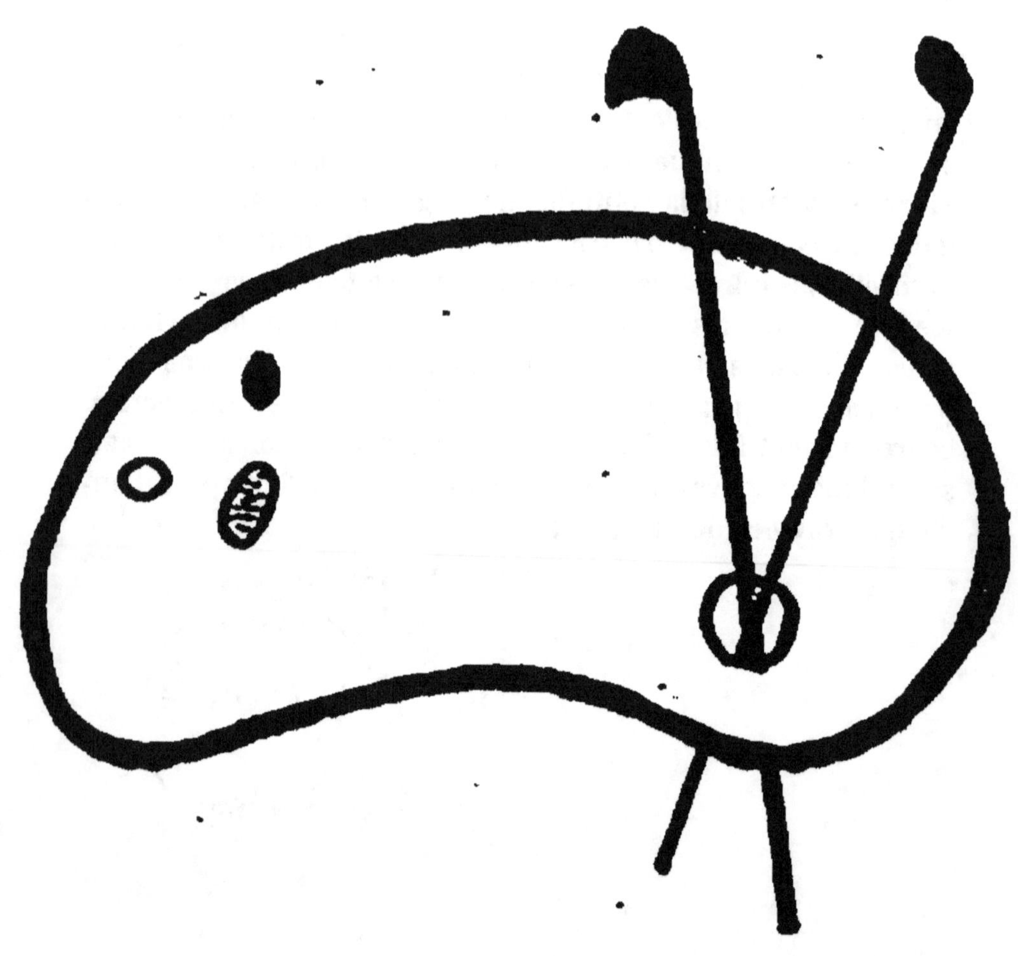

ORIGINAL EN COULEUR
NF Z 43-120-3